| | |
|---|---|
| school - 学校 | 2 |
| reis - 旅行 | 5 |
| transport - 交通运输 | 8 |
| stad - 城市 | 10 |
| landschap - 地形 | 14 |
| restaurant - 餐馆 | 17 |
| supermarkt - 超市 | 20 |
| drankjes - 饮料 | 22 |
| eten - 食物 | 23 |
| boerderij - 农场 | 27 |
| huis - 房子 | 31 |
| woonkamer - 客厅 | 33 |
| keuken - 厨房 | 35 |
| badkamer - 浴室 | 38 |
| kinderkamer - 儿童房 | 42 |
| kleding - 衣服 | 44 |
| kantoor - 办公室 | 49 |
| economie - 经济 | 51 |
| beroepen - 职业 | 53 |
| werktuigen - 工具 | 56 |
| muziekinstrumenten - 乐器 | 57 |
| zoo - 动物园 | 59 |
| sporten - 体育 | 62 |
| activiteiten - 活动 | 63 |
| familie - 家 | 67 |
| lichaam - 身体 | 68 |
| ziekenhuis - 医院 | 72 |
| noodgeval - 紧急情况 | 76 |
| aarde - 地球 | 77 |
| klok - 钟表 | 79 |
| week - 周 | 80 |
| jaar - 年 | 81 |
| vormen - 形状 | 83 |
| kleuren - 颜色 | 84 |
| tegengestelden - 反义词 | 85 |
| cijfers - 数字 | 88 |
| Talen - 语言 | 90 |
| wie / wat / hoe - 谁/什么/怎样 | 91 |
| waar - 方位 | 92 |

AF194167

Impressum
Verlag: BABADADA GmbH, Nedderfeld 112 , 22529 Hamburg
Geschäftsführer / Verlagsleitung: Harald Hof
Druck: Books on Demand GmbH, In de Tarpen 42, 22848 Norderstedt

Imprint
Publisher: BABADADA GmbH, Nedderfeld 112 , 22529 Hamburg, Germany
Managing Director / Publishing direction: Harald Hof
Print: Books on Demand GmbH, In de Tarpen 42, 22848 Norderstedt

# school
# 学校

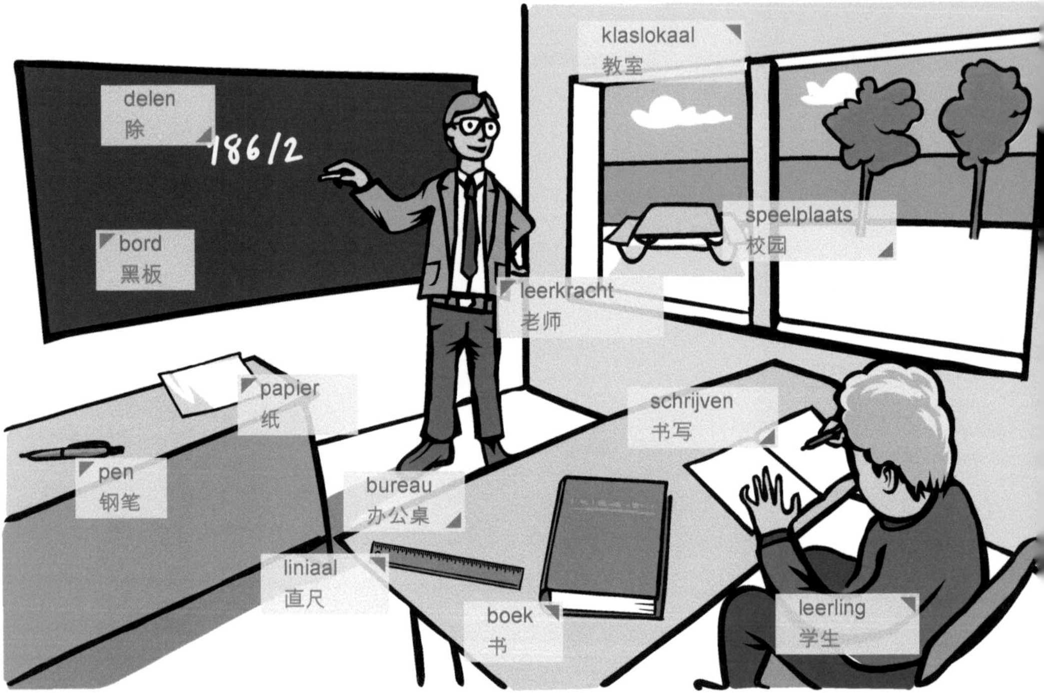
klaslokaal
教室
delen
除
186/2
bord
黑板
speelplaats
校园
leerkracht
老师
papier
纸
schrijven
书写
pen
钢笔
bureau
办公桌
liniaal
直尺
boek
书
leerling
学生

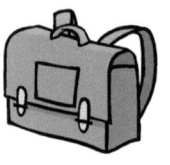

schooltas
书包

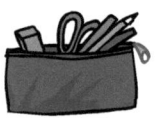

pennenzak
铅笔盒

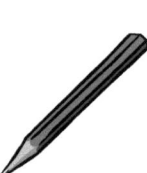

potlood
铅笔

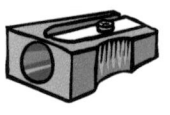

puntenslijper
卷笔刀

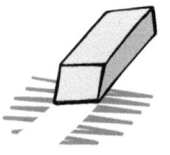

gom
橡皮擦

tekenblok
画板

tekening

图画

verfborstel

画笔

verfdoos

颜料盒

schaar

剪刀

lijm

胶水

werkboek

练习册

huiswerk

家庭作业

nummer

数字

optellen

加

aftrekken

减

vermenigvuldigen

乘

rekenen

计算

letter

字母

alfabet

字母表

woord

字

tekst

课文

Lezen

读

krijt

粉笔

les

上课

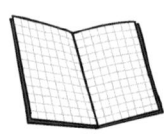

klassenboek

登记

examen

考试

certificaat

证书

schooluniform

校服

onderwijs

教育

encyclopedie

百科全书

universiteit

大学

microscoop

显微镜

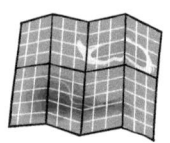

kaart

地图

papiermand

废纸筐

# reis
# 旅行

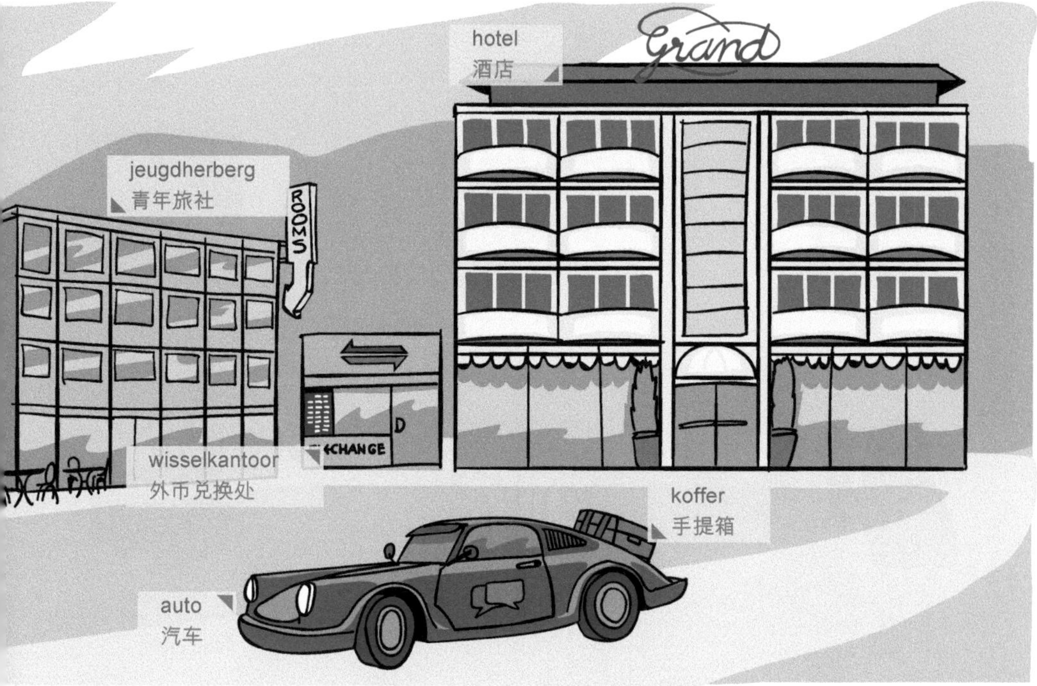
hotel
酒店
Grand
jeugdherberg
青年旅社
ROOMS
wisselkantoor
外币兑换处
EXCHANGE
koffer
手提箱
auto
汽车

Taal
语言

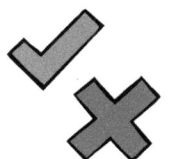

ja / nee
是/否

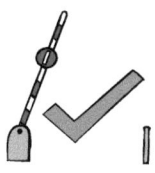

oké
好的

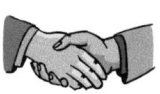

hallo
您好

vertaler
翻译员

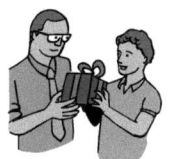

bedankt
谢谢

Hoeveel kost …?

......多少钱？

Ik begrijp het niet

我不明白

probleem

问题

Goedenavond!

晚上好！

Goedemorgen!

早上好！

Goedenavond!

晚安！

Tot ziens

再见

richting

方向

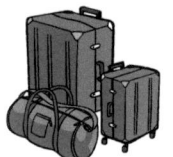

bagage

行李

zak

包

rugzak

双肩包

gast

客人

kamer

房间

slaapzak

睡袋

tent

帐篷

toeristeninformatie

旅游信息

strand

海滩

kredietkaart

信用卡

ontbijt

早餐

lunch

午餐

avondeten

晚餐

ticket

票

lift

电梯

postzegel

邮票

grens

边界

douane

海关

ambassade

大使馆

visum

签证

paspoort

护照

# transport
# 交通运输

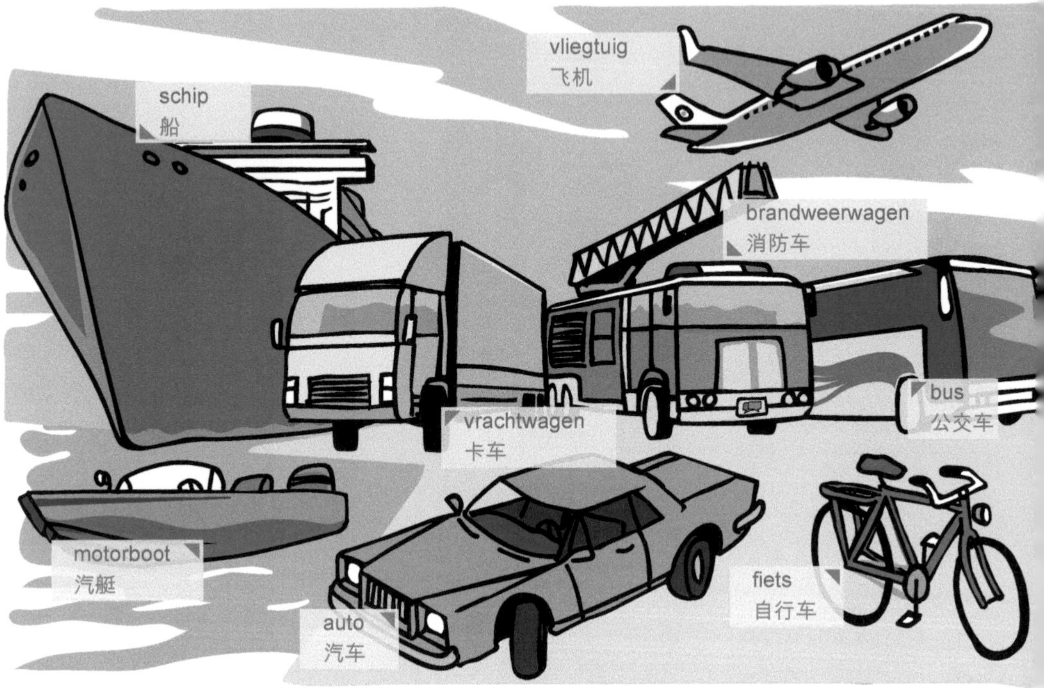

vliegtuig
飞机

schip
船

brandweerwagen
消防车

bus
公交车

vrachtwagen
卡车

motorboot
汽艇

fiets
自行车

auto
汽车

veerboot

摆渡船

boot

小船

motor

摩托车

politiewagen

警车

racewagen

赛车

huurauto

租车

carpoolen

拼车

sleepwagen

拖车

vuilniswagen

垃圾车

motor

发动机

benzine

汽油

benzinestation

加油站

verkeersbord

交通标志

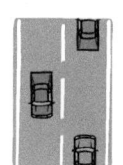

verkeer

交通

file

交通堵塞

parkeerplaats

停车场

station

火车站

sporen

轨道

trein

火车

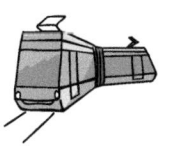

tram

电车

wagon

货车

helikopter

直升机

luchthaven

机场

toren

塔

passagier

乘客

container

集装箱

karton

纸板箱

kar

手推车

mand

篮子

opstijgen / landen

起飞/降落

# stad

# 城市

dorp

村庄

stadscentrum

市中心

huis

房子

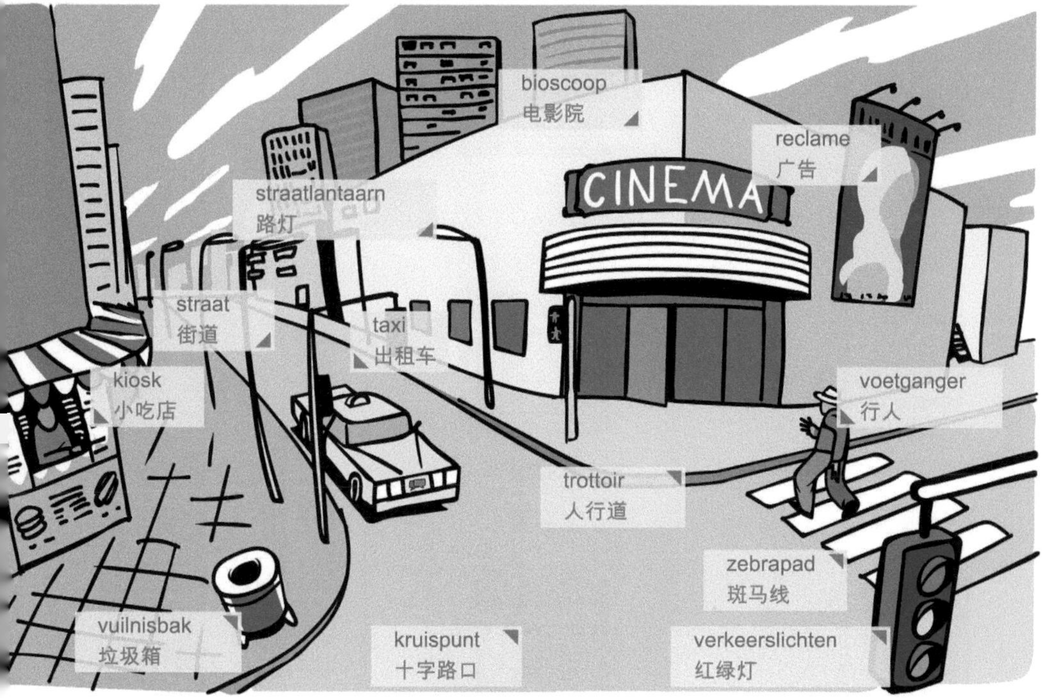

bioscoop
电影院

reclame
广告

straatlantaarn
路灯

straat
街道

taxi
出租车

kiosk
小吃店

voetganger
行人

trottoir
人行道

zebrapad
斑马线

vuilnisbak
垃圾箱

kruispunt
十字路口

verkeerslichten
红绿灯

CINEMA

**hut**

小屋

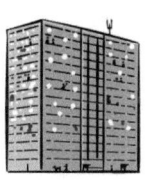

**woning**

公寓

**station**

火车站

**stadshuis**

市政厅

**museum**

博物馆

**school**

学校

universiteit

大学

bank

银行

ziekenhuis

医院

hotel

酒店

apotheek

药房

kantoor

办公室

boekwinkel

书店

winkel

商店

bloemenwinkel

花店

supermarkt

超市

markt

市场

warenhuis

百货商店

vishandelaar

鱼店

winkelcentrum

购物中心

haven

海港

**park**

公园

**bank**

长凳

**brug**

桥

**trap**

楼梯

**metro**

地铁

**tunnel**

隧道

**bushalte**

公交车站

**bar**

酒吧

**restaurant**

餐馆

**brievenbus**

邮筒

**straatnaambord**

路标

**parkeermeter**

停车计时器

**zoo**

动物园

**zwembad**

游泳馆

**moskee**

清真寺

boerderij

农场

milieuverontreiniging

污染

kerkhof

墓地

kerk

教堂

speelplaats

操场

tempel

寺庙

# landschap
## 地形

blad
树叶

wegwijzer
指示牌

weg
路

weide
草地

steen
石头

boom
树

wandelaar
徒步旅行者

rivier
河

gras
草

bloem
花

vallei

峡谷

heuvel

山

meer

湖

bos

森林

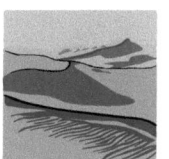

woestijn

沙漠

vulkaan

火山

kasteel

城堡

regenboog

彩虹

paddenstoel

蘑菇

palmboom

棕榈树

mug

蚊子

vlieg

苍蝇

mier

蚂蚁

bijl

蜜蜂

spin

蜘蛛

landschap - 地形

kever

甲虫

kikker

青蛙

eekhoorn

松鼠

egel

刺猬

haas

野兔

uil

猫头鹰

vogel

鸟

zwaan

天鹅

wild zwijn

野猪

hert

鹿

eland

麋鹿

dam

水坝

windturbine

风力发电机

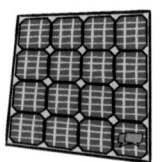

zonnepaneel

太阳能电池板

klimaat

气候

# restaurant
# 餐馆

ober
服务员
menu
菜单
stoel
椅子
soep
汤
pizza
披萨饼
bestek
餐具
tafelkleed
桌布


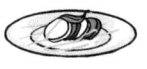

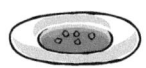

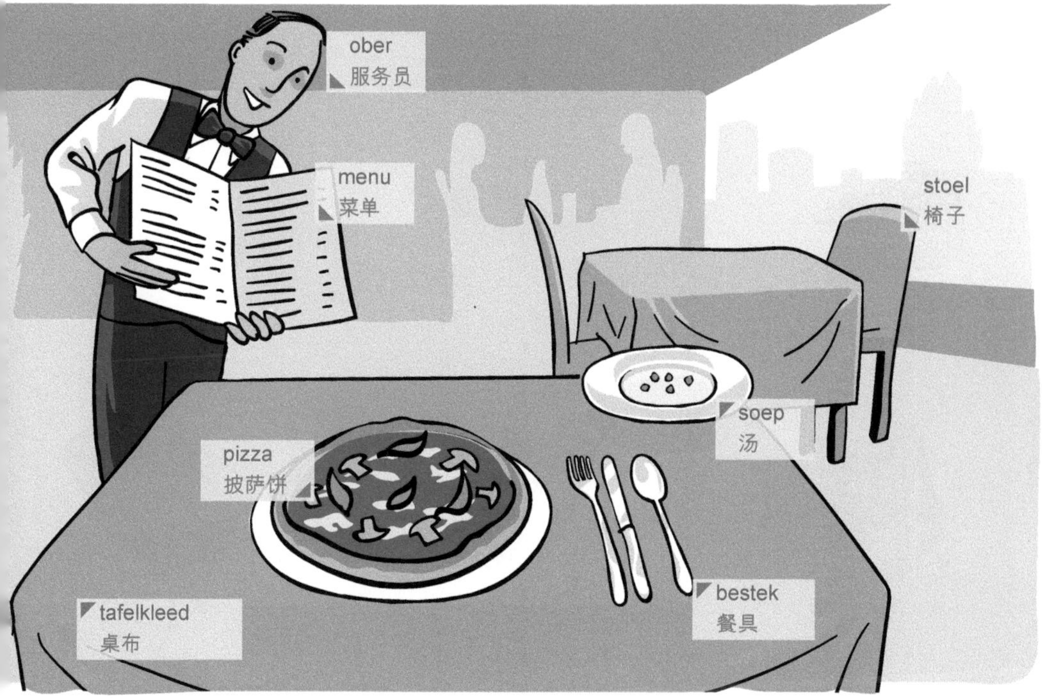

voorgerecht

前菜

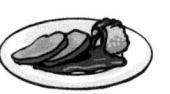

hoofdgerecht

主菜

nagerecht

甜点

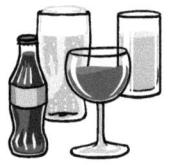

drankjes

饮料

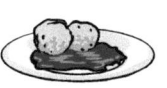

eten

食物

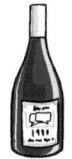

fles

瓶子

fastfood

快餐

street food

街边小吃

theepot

茶壶

suikerpot

糖盒

portie

一份饭菜

espressomachine

意式咖啡机

kinderstoel

高脚椅

rekening

账单

dienblad

托盘

mes

刀

vork

餐叉

lepel

勺子

theelepel

茶匙

serviette

餐巾

glas

玻璃杯

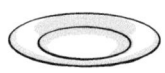

bord

碟子

soepbord

汤盘

schoteltje

碟子

saus

酱

zoutvatje

盐瓶

pepermolen

胡椒磨

azijn

醋

olie

食用油

kruiden

调味料

ketchup

番茄酱

mosterd

芥末

mayonaise

蛋黄酱

restaurant - 餐馆

# supermarkt

## 超市

aanbieding
特价
FOR
klant
顾客
zuivelproducten
乳制品
fruit
水果
winkelwagen
购物车

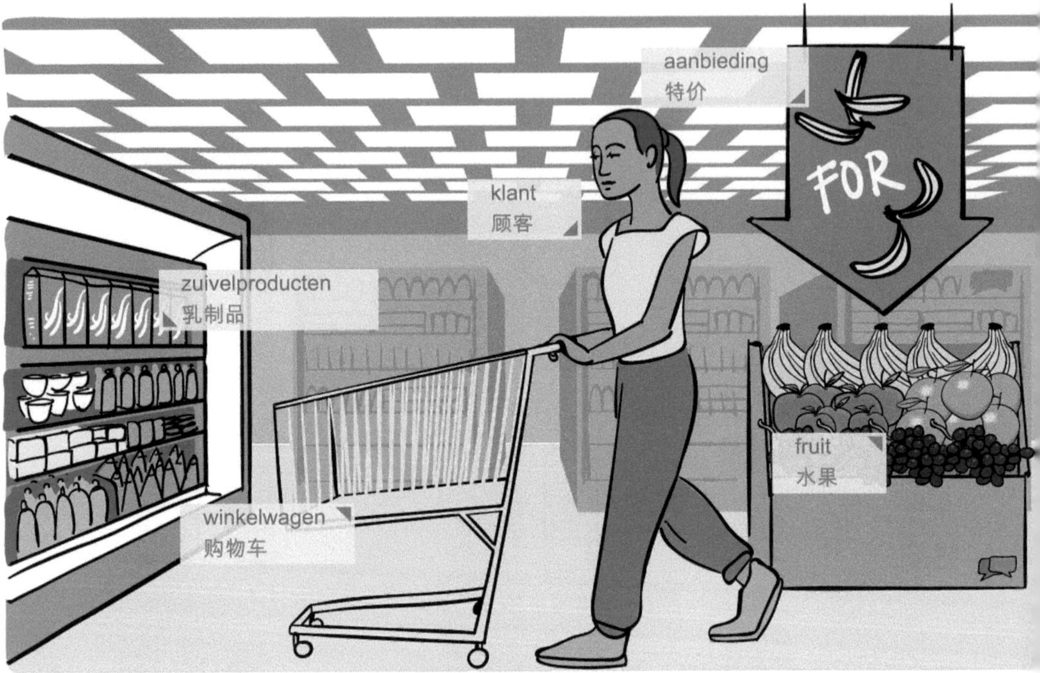

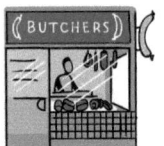

BUTCHERS

slagerij

肉铺

BAKERY

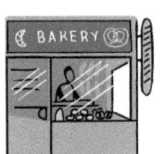

bakkerij

面包房

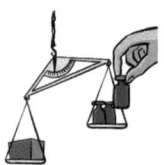

wegen

称重

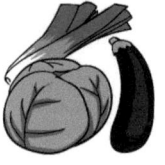

groenten

蔬菜

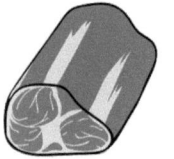

vlees

肉

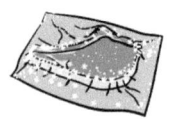

diepvriesvoedsel

冷冻食品

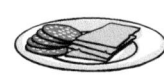

charcuterie

冷盘

conserven

罐头食品

waspoeder

洗衣粉

snoep

甜食

huishoudproducten

日用品

schoonmaakproducten

清洁用品

verkoopster

销售员

kassa

收银机

kassier

收银员

boodschappenlijstje

购物清单

openingstijden

开放时间

portefeuille

钱包

kredietkaart

信用卡

tas

袋子

plastieken zakje

塑料袋

water

水

sap

果汁

melk

牛奶

cola

可乐

wijn

红酒

bier

啤酒

alcohol

酒

cacao

可可

thee

茶

koffie

咖啡

espresso

意式浓缩咖啡

cappuccino

卡布奇诺

banaan

香蕉

appel

苹果

sinaasappel

橙子

meloen

西瓜

citroen

柠檬

wortel

胡萝卜

knoflook

大蒜

bamboe

竹子

ajuin

洋葱

champignon

蘑菇

noten

坚果

noodles

面条

spaghetti

意大利面条

rijst

米饭

salade

沙拉

frieten

薯条

gebakken aardappelen

炸土豆

pizza

披萨饼

hamburger

汉堡包

sandwich

三明治

kalfslapje

炸猪排

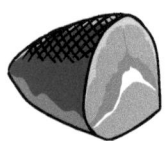

ham

火腿

salami

萨拉米

worst

香肠

kip

鸡肉

braden

烤肉

vis

鱼

**havervlokken**

燕麦片

**muesli**

穆兹利

**cornflakes**

玉米片

**bloem**

面粉

**croissant**

羊角面包

**pistolet**

面包卷

**brood**

面包

**toast**

烤面包

**koekjes**

饼干

**boter**

黄油

**kwark**

凝乳

**taart**

蛋糕

**ei**

蛋

**spiegelei**

煎蛋

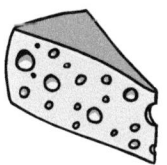

**kaas**

奶酪

ijs

冰激凌

suiker

糖

honing

蜂蜜

confituur

果酱

choco

巧克力酱

curry

咖喱饭

# boerderij
## 农场

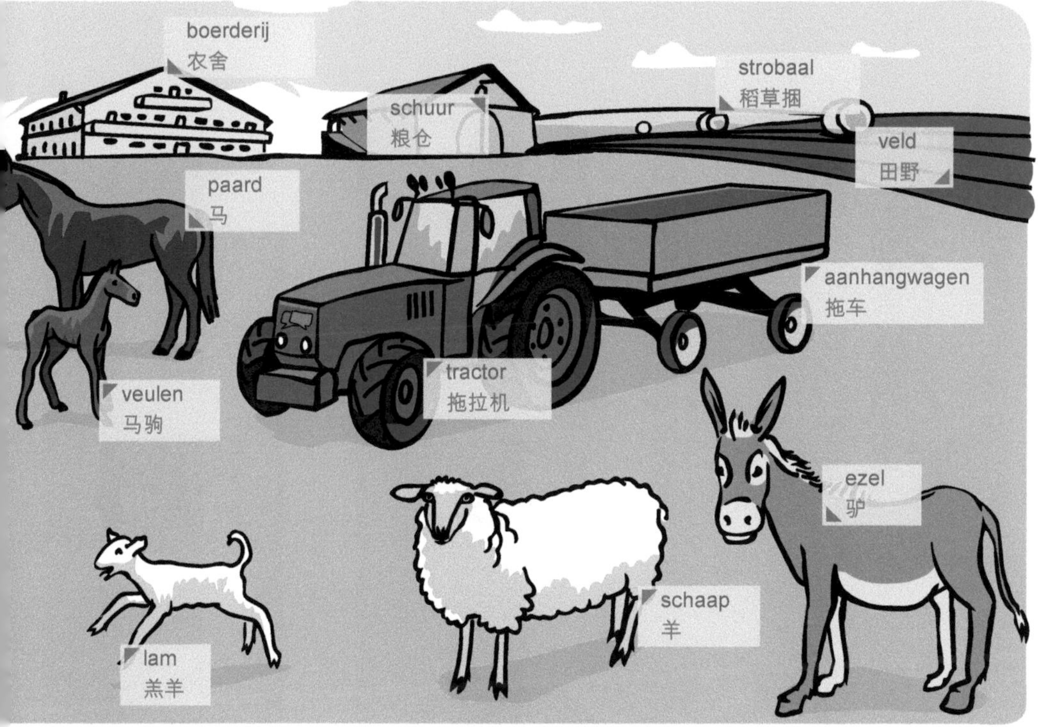
boerderij
农舍
schuur
粮仓
strobaal
稻草捆
veld
田野
paard
马
aanhangwagen
拖车
tractor
拖拉机
veulen
马驹
ezel
驴
schaap
羊
lam
羔羊

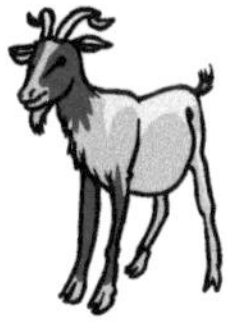
geit
山羊

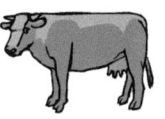

koe
奶牛

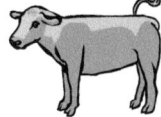

kalf
牛犊

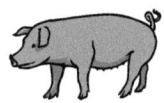

varken
猪

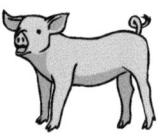

biggetje
小猪

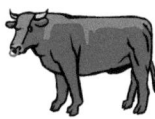

stier
公牛

gans

鹅

eend

鸭

kuiken

小鸡

kip

母鸡

haan

公鸡

rat

鼠

kat

猫

muis

老鼠

os

牛

hond

狗

hondenhok

狗屋

tuinslang

花园浇水软管

gieter

洒水壶

zeis

长柄大镰刀

ploeg

犁

**sikkel**

镰刀

**schoffel**

锄头

**hooivork**

长柄草耙

**bijl**

斧头

**kruiwagen**

独轮手推车

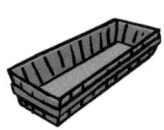

**trog**

饲料槽

**melkkan**

牛奶罐

**zak**

麻布袋

**hek**

栅栏

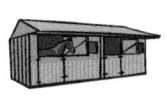

**stal**

马厩

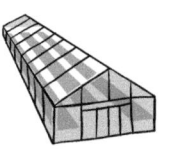

**broeikas**

温室

**bodem**

土壤

**zaad**

种子

**mest**

肥料

**maaidorser**

联合收割机

oogsten

收割

oogst

收割

yam

山药

tarwe

小麦

soja

大豆

aardappel

土豆

maïs

玉米

koolzaad

油菜籽

fruitboom

果树

maniok

树薯

graan

谷物

# huis
# 房子

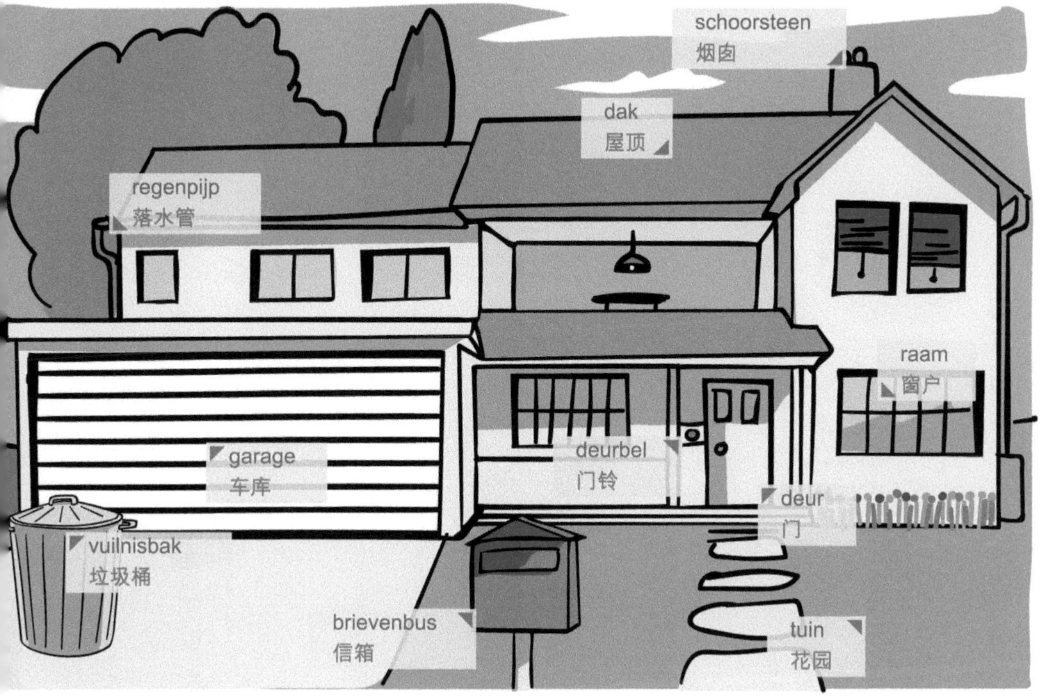
schoorsteen
烟囱
dak
屋顶
regenpijp
落水管
raam
窗户
garage
车库
deurbel
门铃
deur
门
vuilnisbak
垃圾桶
brievenbus
信箱
tuin
花园

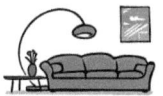

woonkamer
客厅

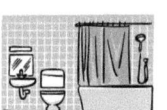

badkamer
浴室

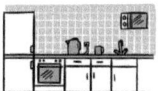

keuken
厨房

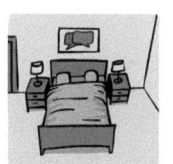

slaapkamer
卧室

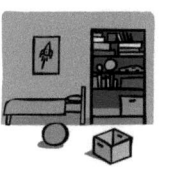

kinderkamer
儿童房

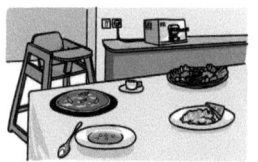

eetkamer
餐厅

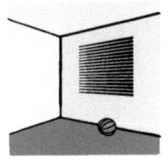

vloer

地板

muur

墙壁

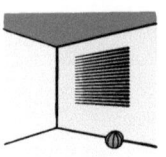

plafond

吊顶

kelder

地窖

sauna

桑拿

balkon

阳台

terras

露台

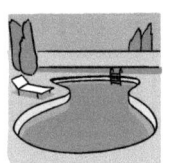

zwemhad

游泳池

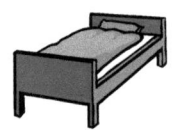

grasmaaier

割草机

dekbedovertrek

被单

dekbed

床罩

bed

床

bezem

扫帚

emmer

水桶

schakelaar

开关

# woonkamer
## 客厅

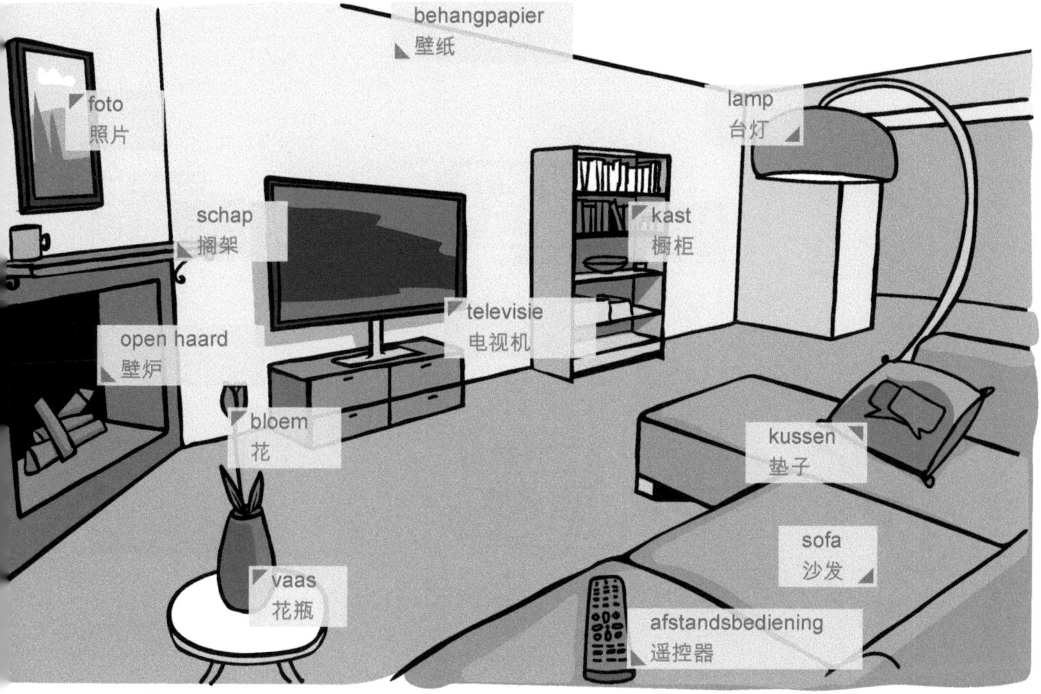
behangpapier
壁纸
foto
照片
lamp
台灯
schap
搁架
kast
橱柜
televisie
电视机
open haard
壁炉
bloem
花
kussen
垫子
sofa
沙发
vaas
花瓶
afstandsbediening
遥控器

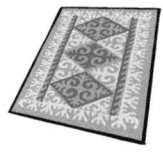

mat
地毯

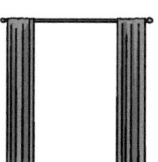

gordijn
窗帘

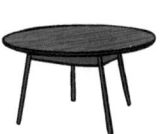

tafel
餐桌

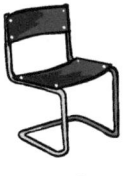

stoel
椅子

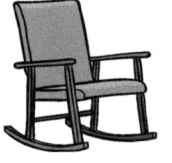

schommelstoel
摇椅

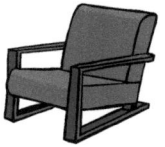

fauteuil
扶手椅

boek

书

deken

毯子

decoratie

装饰品

brandhout

木柴

film

电影

stereo-installatie

高保真音响

sleutel

钥匙

krant

报纸

schilderij

油画

poster

海报

radio

收音机

notitieboekje

笔记本

stofzuiger

吸尘器

cactus

仙人掌

kaars

蜡烛

# keuken
## 厨房

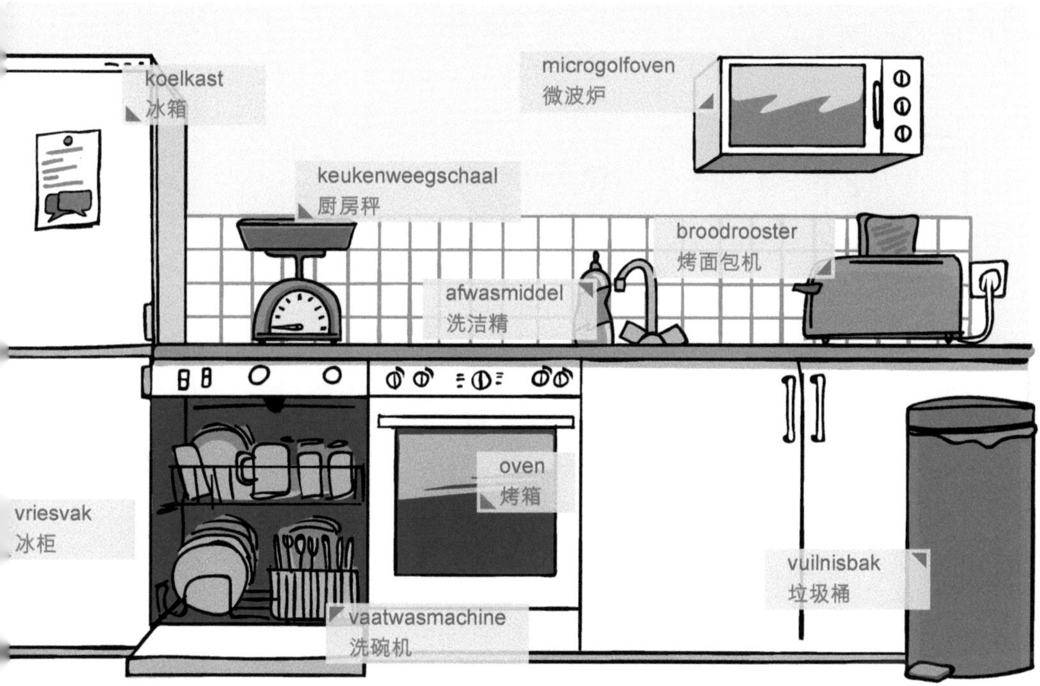
koelkast
冰箱
microgolfoven
微波炉
keukenweegschaal
厨房秤
broodrooster
烤面包机
afwasmiddel
洗洁精
oven
烤箱
vriesvak
冰柜
vuilnisbak
垃圾桶
vaatwasmachine
洗碗机

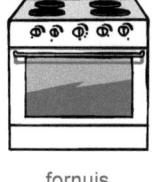

fornuis

炊具

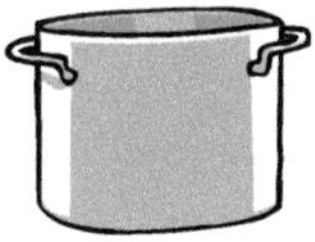

pot

锅

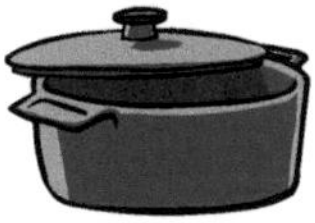

gietijzeren pot

铸铁锅

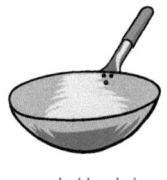

wok / kadai

炒锅

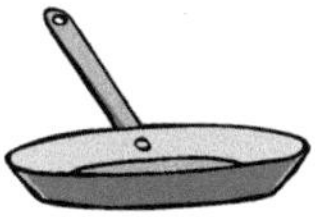

pan

平底锅

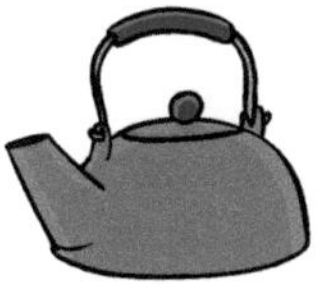

waterkoker

水壶

stoomkoker

蒸锅

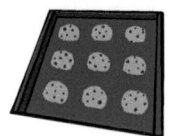

bakplaat

烤盘

servies

陶瓷锅

mok

马克杯

kom

碗

eetstokjes

筷子

pollepel

长柄勺

spatel

铲子

garde

搅拌器

vergiet

滤网

zeef

筛子

rasp

磨碎机

mortier

研钵

barbecue

烧烤

haardvuur

明火

**snijplank**

菜板

**deegrol**

擀面杖

**kurkentrekker**

开瓶器

**blik**

罐子

**blikopener**

开罐器

**pannenlap**

隔热手套

**gootsteen**

水槽

**borstel**

刷子

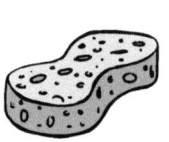

**spons**

海绵

**blender**

搅拌机

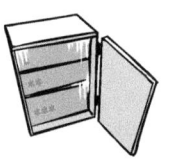

**vriezer**

冷藏箱

**papfles**

奶瓶

**kraan**

水龙头

verwarming
供暖设备

douche
淋浴

handdoek
毛巾

douchegordijn
浴帘

bubbelbad
泡沫浴

badkuip
浴缸

glas
玻璃杯

wasmachine
洗衣机

kraan
水龙头

tegels
瓷砖

kinderpo
便壶

gootsteen
水槽

toilet

厕所

hurktoilet

蹲便器

bidet

坐浴器

urinoir

小便池

toiletpapier

厕纸

toiletborstel

马桶刷

tandenborstel

牙刷

tandpasta

牙膏

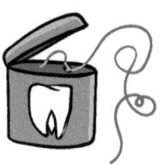

flosdraad

牙线

wassen

洗

handdouche

手持式喷淋头

bidethanddouche

冲洗器

waskom

洗脸盆

rugborstel

擦背刷

zeep

肥皂

douchegel

沐浴露

shampoo

洗发水

washandje

法兰绒

afvoer

排水

crème

乳霜

deodorant

除臭剂

**spiegel**

镜子

**handspiegel**

手镜

**scheermes**

剃须刀

**scheerschuim**

剃须泡沫

**aftershave**

须后水

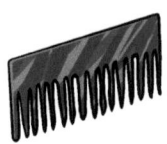

**kam**

梳子

**borstel**

刷子

**haardroger**

吹风机

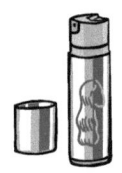

**haarlak**

喷发定型剂

**make-up**

化妆品

**lippenstift**

唇膏

**nagellak**

指甲油

**watten**

化妆棉

**nagelknipper**

指甲剪

**parfum**

香水

toilettas

洗漱包

kruk

凳子

weegschaal

计重秤

badjas

浴袍

latex handschoenen

橡胶手套

tampon

卫生棉条

maandverband

卫生巾

chemisch toilet

化学厕所

# kinderkamer
# 儿童房

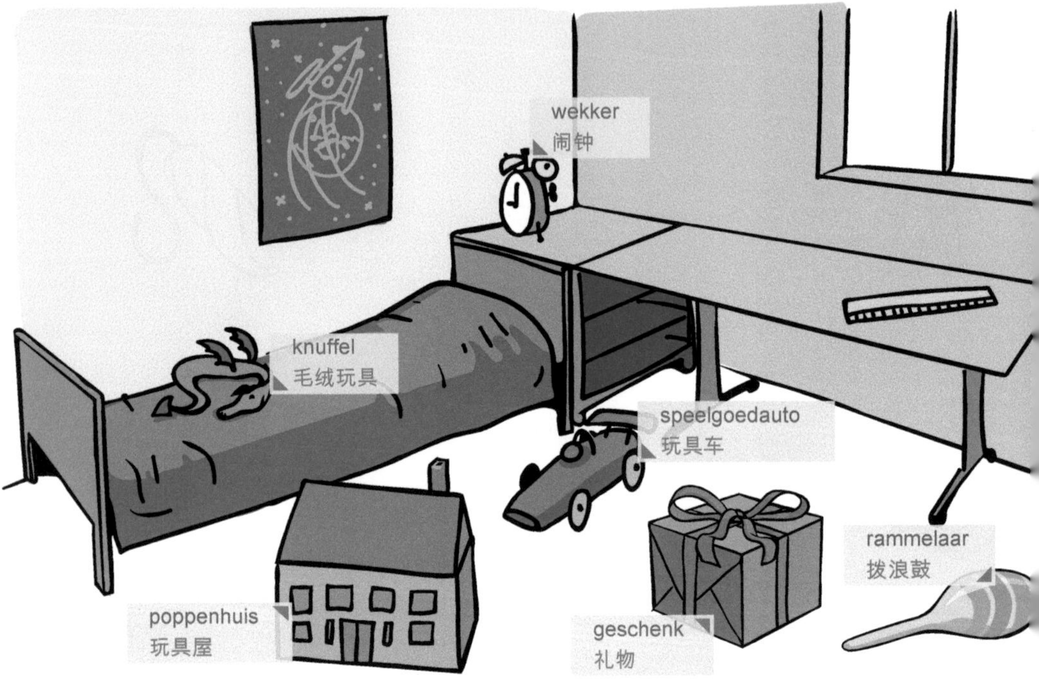
wekker
闹钟
knuffel
毛绒玩具
speelgoedauto
玩具车
rammelaar
拨浪鼓
poppenhuis
玩具屋
geschenk
礼物

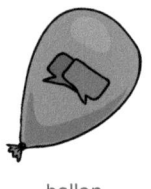

ballon

气球

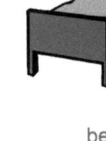

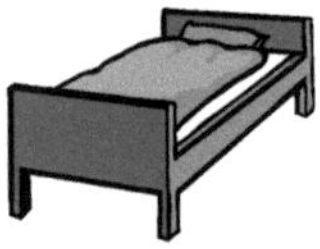

bed

床

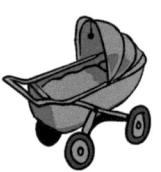

kinderwagen

（洋娃娃用）婴儿车

spel kaarten

扑克牌

puzzel

拼图

SUPER
MEGA

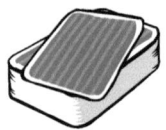

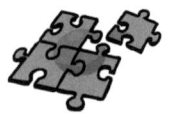

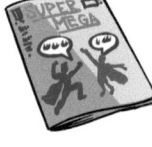

stripboek

漫画

legoblokjes

乐高积木

blokken

积木玩具

actiefiguur

玩具人

kruippakje

婴儿服

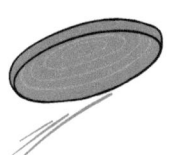

frisbee

飞盘

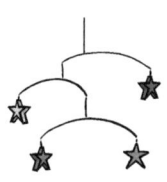

mobiel

床铃玩具

bordspel

棋盘游戏

dobbelsteen

骰子

modelspoorweg

火车模型

fopspeen

安抚奶嘴

feest

聚会

prentenboek

绘本

bal

球

pop

洋娃娃

spelen

玩

zandbak

沙坑

schommel

秋千

speelgoed

玩具

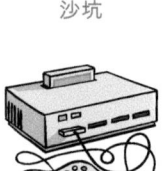

spelconsole

游戏机

driewieler

三轮车

knuffelbeer

泰迪熊

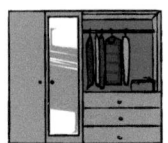

kleerkast

衣柜

# kleding

## 衣服

sokken

袜子

kousen

长袜

maillot

紧身裤

sjaal
围巾

paraplu
雨伞

riem
皮带

T-shirt
T恤

laarzen
靴子

slippers
拖鞋

sneakers
运动鞋

sandalen

凉鞋

schoenen

鞋

rubberlaarzen

雨靴

onderbroek

内裤

beha

胸罩

onderhemd

背心

**lichaam**

身体

**broek**

裤子

**jeans**

牛仔裤

**rok**

短裙

**blouse**

女式衬衫

**hemd**

衬衫

**trui**

套头衫

**capuchontrui**

卫衣

**blazer**

西装夹克

**jas**

夹克

**jas**

外套

**regenjas**

雨衣

**kostuum**

套装

**jurk**

连衣裙

**trouwjurk**

婚纱

pak

西装

nachthemd

睡袍

pyjama

睡衣

sari

莎丽

hoofddoek

头巾

tulband

包头巾

boerka

波卡

kaftan

卡夫坦

abaya

(阿拉伯式)长袍长袍

badpak

泳衣

zwembroek

男式泳裤

short

短裤

trainingspak

运动服

schort

围裙

handschoenen

手套

knoop

纽扣

bril

眼镜

armband

手链

ketting

项链

ring

戒指

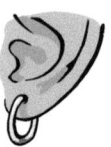

oorbel

耳环

pet

便帽

kapstok

衣架

hoed

帽子

das

领带

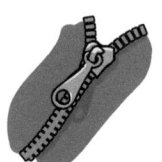

rits

拉链

helm

头盔

bretellen

背带

schooluniform

校服

uniform

制服

slabbetje

围兜

fopspeen

安抚奶嘴

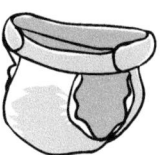

luier

尿不湿

# kantoor
## 办公室

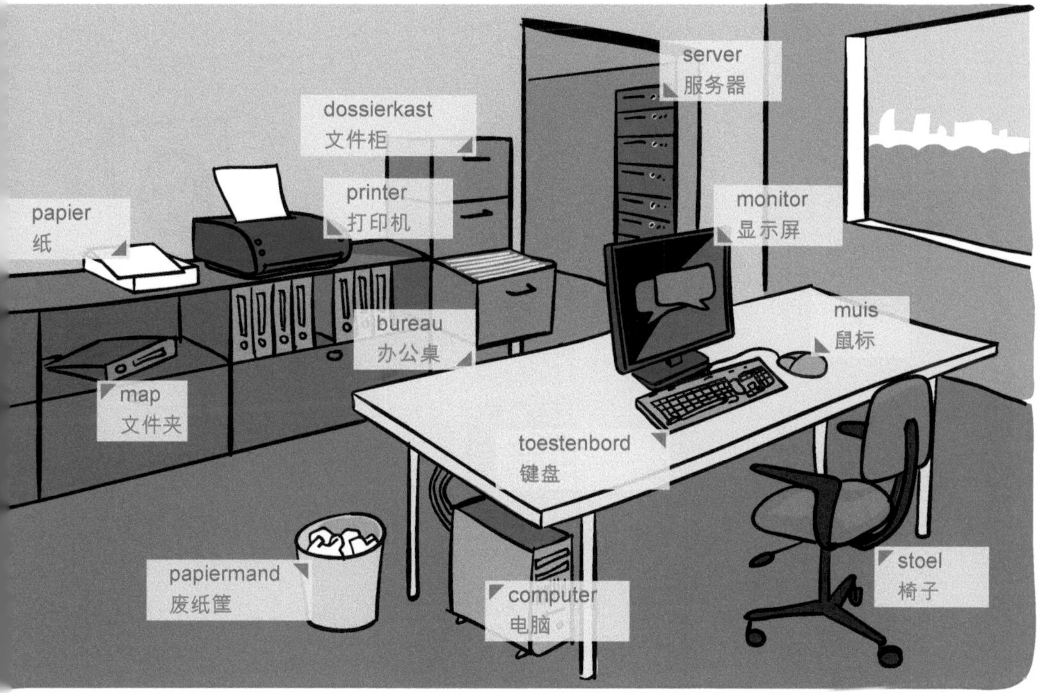

server
服务器

dossierkast
文件柜

printer
打印机

papier
纸

monitor
显示屏

muis
鼠标

bureau
办公桌

map
文件夹

toestenbord
键盘

papiermand
废纸筐

stoel
椅子

computer
电脑

koffiemok

咖啡杯

rekenmachine

计算器

internet

因特网

laptop

笔记本电脑

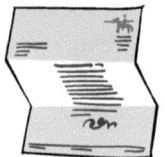

brief

信件

bericht

消息

gsm

手机

netwerk

网络

kopieerapparaat

复印机

software

软件

telefoon

电话

stopcontact

插座

fax

传真机

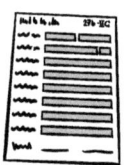

formulier

表格

document

文件

kopen

买

betalen

付钱

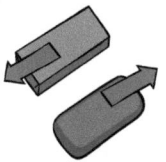

handelen

交易

geld

现金

dollar

美元

euro

欧元

yen

日元

roebel

卢布

Zwitserse frank

瑞士法郎

Chinese renminbi

人民币

roepie

卢比

geldautomaat

提款处

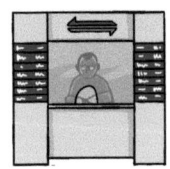

wisselkantoor

外币兑换处

goud

金

zilver

银

olie

石油

energie

能源

prijs

价格

contract

合同

belasting

税金

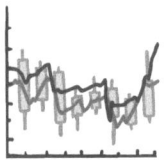

aandeel

股票

werken

工作

werknemer

职员

werkgever

老板

fabriek

工厂

winkel

商店

# beroepen
## 职业

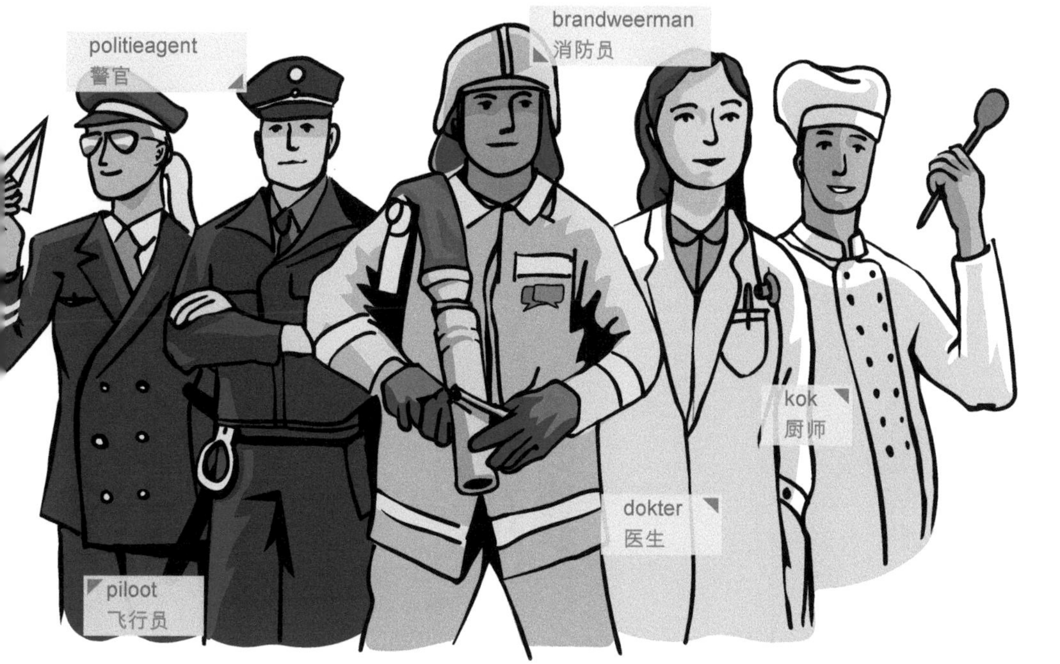
politieagent
警官
brandweerman
消防员
kok
厨师
dokter
医生
piloot
飞行员

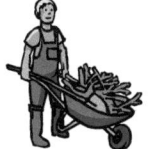

tuinman
园丁

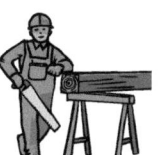

timmerman
木匠

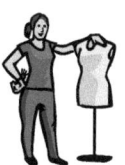

naaister
裁缝

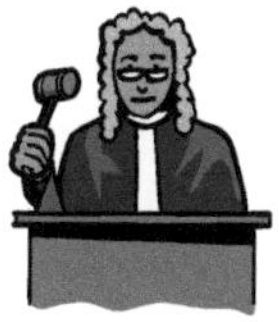

rechter
法官

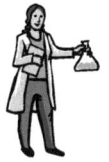

chemicus
化学家

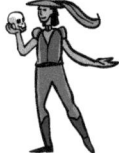

acteur
演员

buschauffeur

公交车司机

taxichauffeur

出租车司机

visser

渔夫

schoonmaakster

清洁女工

dakdekker

屋顶工

ober

服务员

jager

猎人

schilder

画家

bakker

面包师

elektricien

电工

bouwvakker

建筑工人

ingenieur

工程师

slager

屠夫

loodgieter

水管工

postbode

邮递员

soldaat

士兵

architect

建筑师

kassier

收银员

bloemist

花衣

kapper

理发师

conducteur

售票员

mecanicien

机械师

kapitein

船长

tandarts

牙医

wetenschapper

科学家

rabbijn

拉比

imam

伊玛目

monnik

和尚

geestelijke

牧师

# werktuigen
## 工具

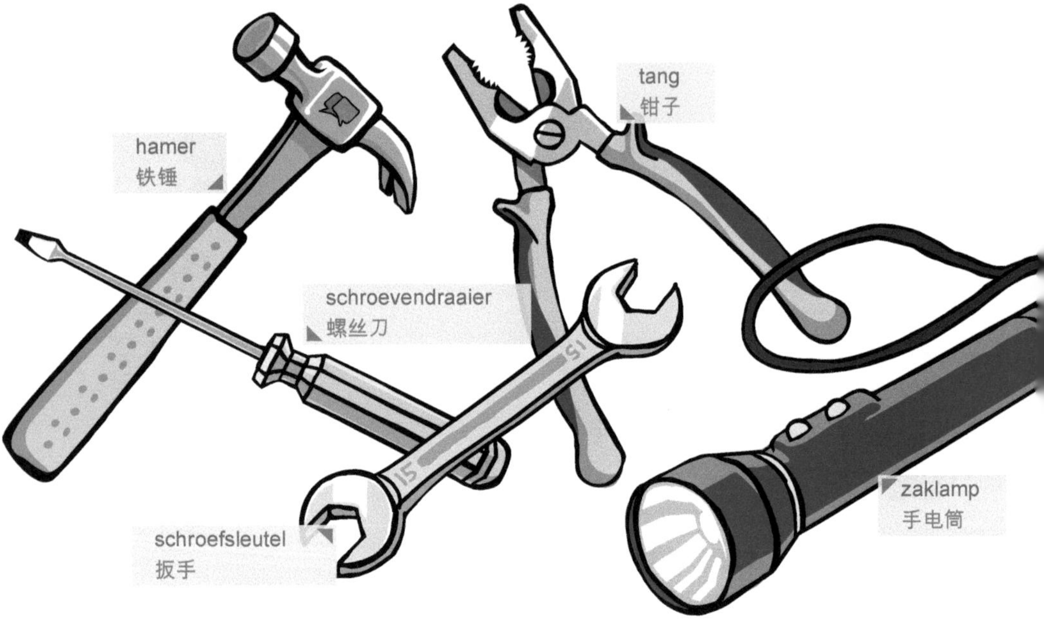
hamer
铁锤
tang
钳子
schroevendraaier
螺丝刀
schroefsleutel
扳手
zaklamp
手电筒

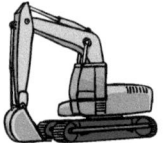

graafmachine
挖掘机

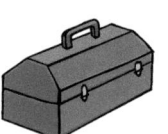

gereedschapskoffer
工具箱

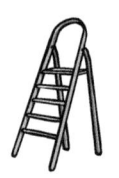

ladder
梯子

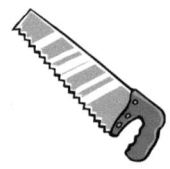

zaag
锯子

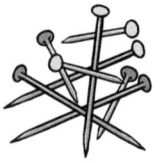

spijkers
钉子

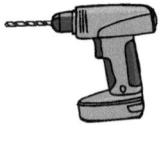

boormachine
钻机

repareren

修

schop

铲子

Verdomme!

靠！

blik

簸箕

verfpot

油漆桶

schroeven

螺丝

## muziekinstrumenten
### 乐器

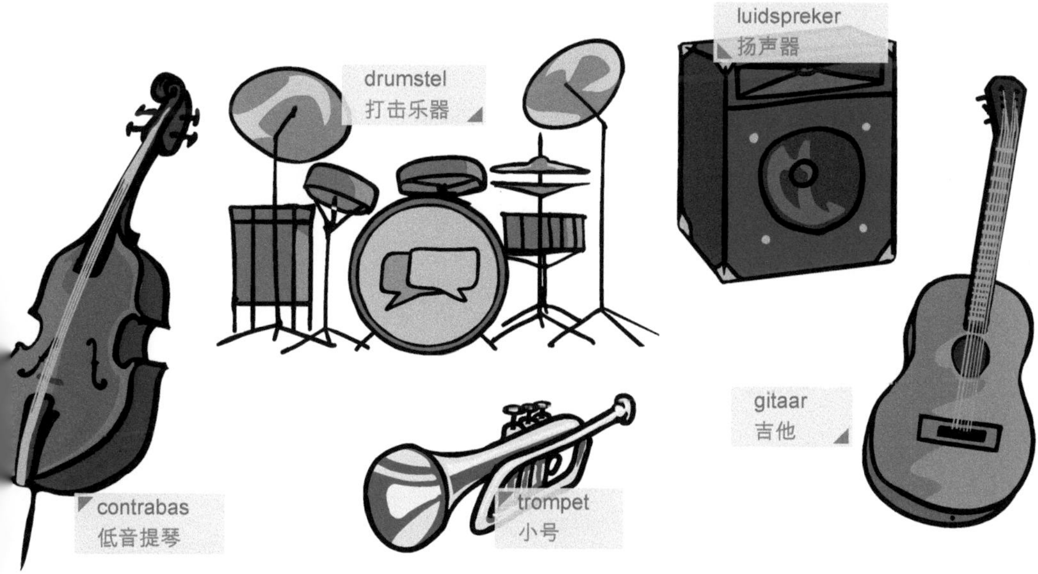

drumstel
打击乐器

luidspreker
扬声器

gitaar
吉他

contrabas
低音提琴

trompet
小号

piano

钢琴

viool

小提琴

basgitaar

贝斯

pauk

定音鼓

trommels

鼓

keyboard

电子琴

saxofoon

萨克斯管

fluit

长笛

microfoon

麦克风

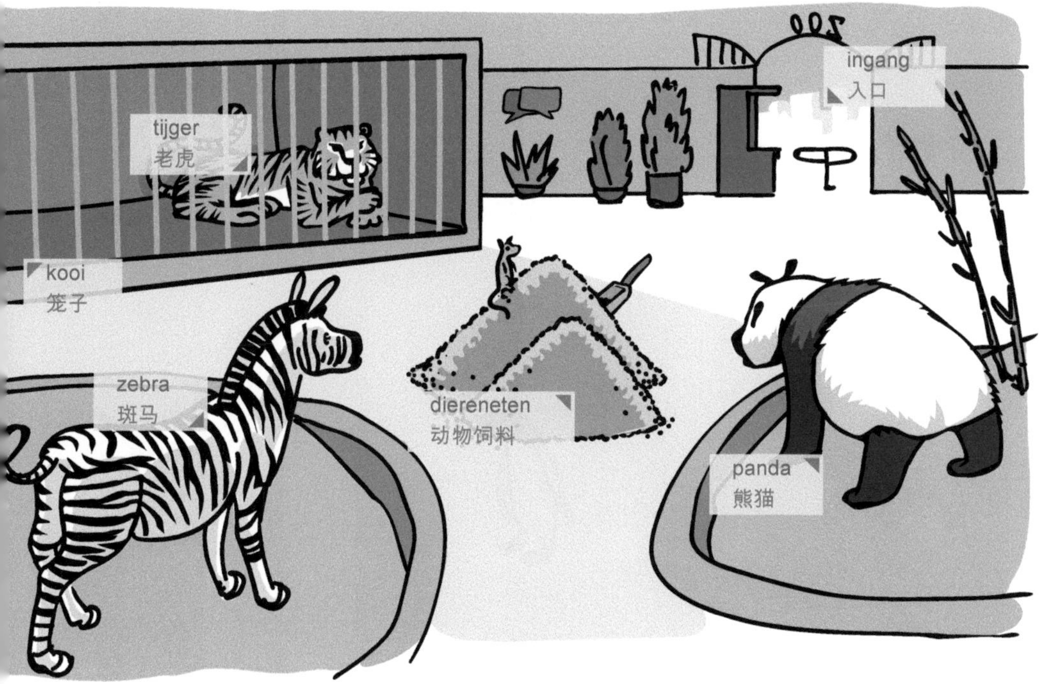

ingang
入口

tijger
老虎

kooi
笼子

zebra
斑马

diereneten
动物饲料

panda
熊猫

dieren

动物

olifant

大象

kangoeroe

袋鼠

neushoorn

犀牛

gorilla

大猩猩

beer

熊

kameel

骆驼

struisvogel

鸵鸟

leeuw

狮子

aap

猴子

flamingo

火烈鸟

papegaai

鹦鹉

ijsbeer

北极熊

pinguïn

企鹅

haai

鲨鱼

pauw

孔雀

slang

蛇

krokodil

鳄鱼

dierenverzorger

动物园管理员

zeehond

海豹

jaguar

美洲豹

pony

矮种马

luipaard

豹

nijlpaard

河马

giraffe

长颈鹿

adelaar

老鹰

wild zwijn

野猪

vis

鱼

zeeschildpad

龟

walrus

海象

vos

狐狸

gazelle

羚羊

rugby
橄榄球

wielrennen
骑自行车

tennis
网球

basketbal
篮球

zwemmen
游泳

boksen
拳击

ijshockey
冰球

voetbal
英式足球

badminton
羽毛球

atletiek
田径

handbal
手球

skiën
滑雪

polo
马球

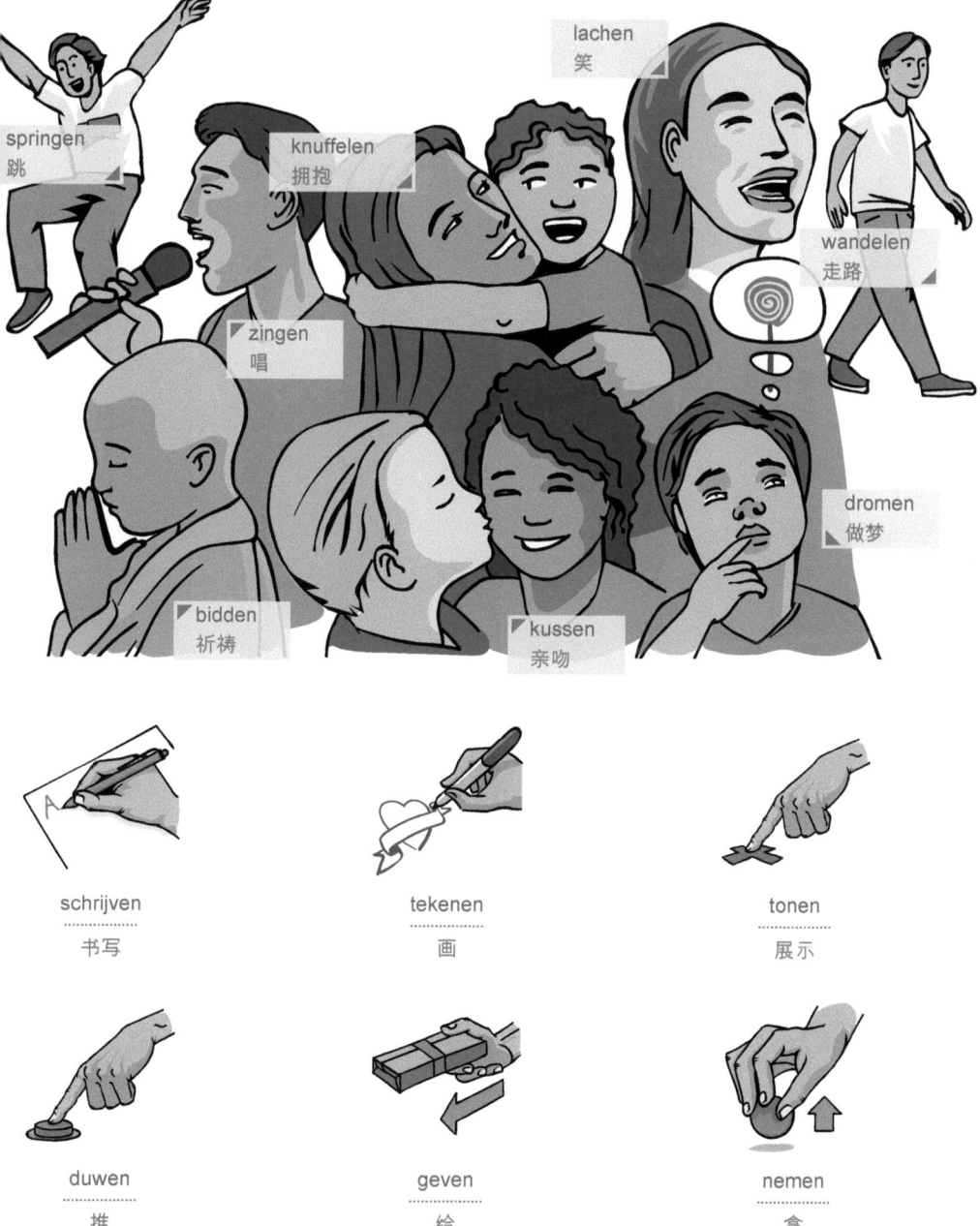

springen
跳

knuffelen
拥抱

lachen
笑

wandelen
走路

zingen
唱

dromen
做梦

bidden
祈祷

kussen
亲吻

schrijven
书写

tekenen
画

tonen
展示

duwen
推

geven
给

nemen
拿

hebben

有

doen

做

zijn

当

staan

站

lopen

跑

trekken

拉

gooien

扔

vallen

摔倒

liggen

躺

wachten

等待

dragen

携带

zitten

坐

aankleden

穿衣

slapen

睡觉

ontwaken

醒来

kijken naar

看

wenen

哭

aaien

抚摸

kammen

梳头

praten

交谈

begrijpen

明白

vragen

问

luisteren

听

drinken

喝

eten

吃

opruimen

清理

houden van

爱

koken

做饭

rijden

开车

vliegen

飞

zeilen

航行

rekenen

计算

Lezen

读

leren

学习

werken

工作

trouwen

结婚

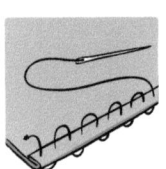

naaien

缝

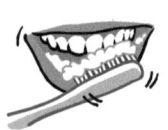

tandenpoetsen

刷牙

doden

杀

roken

抽烟

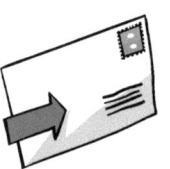

sturen

寄

# familie
## 家

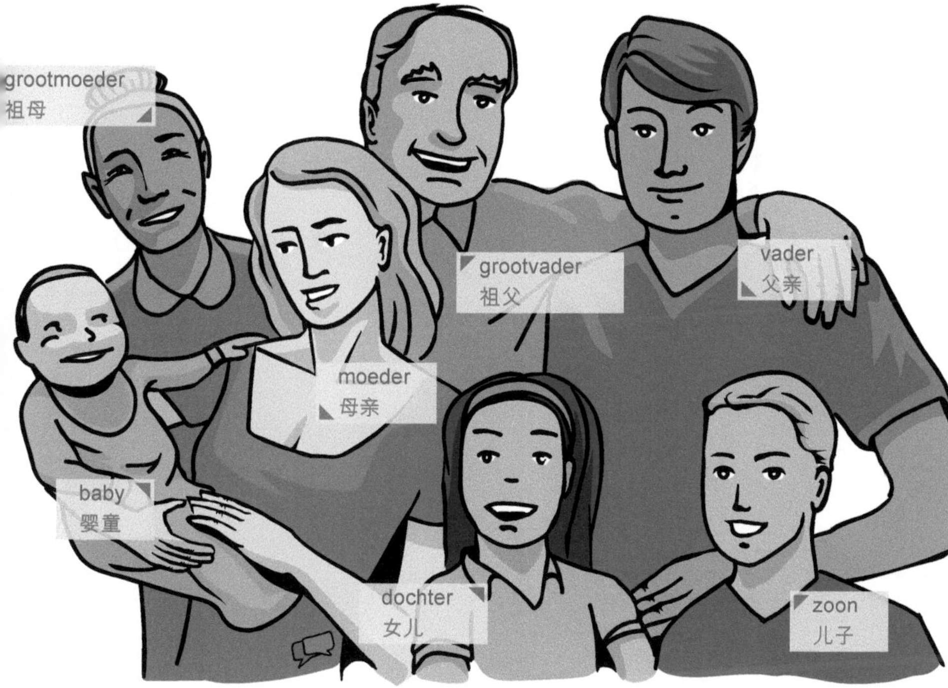
grootmoeder
祖母
grootvader
祖父
vader
父亲
moeder
母亲
baby
婴童
dochter
女儿
zoon
儿子

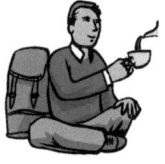

gast
客人

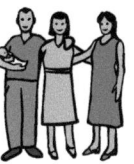

tante
阿姨

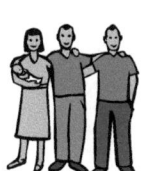

oom
叔叔

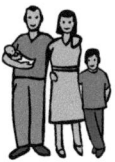

broer
兄弟

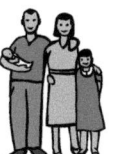

zus
姐妹

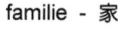

# lichaam
## 身体

voorhoofd
前额
oog
眼睛
schouder
肩膀
vinger
手指
gezicht
脸
kin
下巴
hand
手
been
腿
borst
乳房
arm
手臂

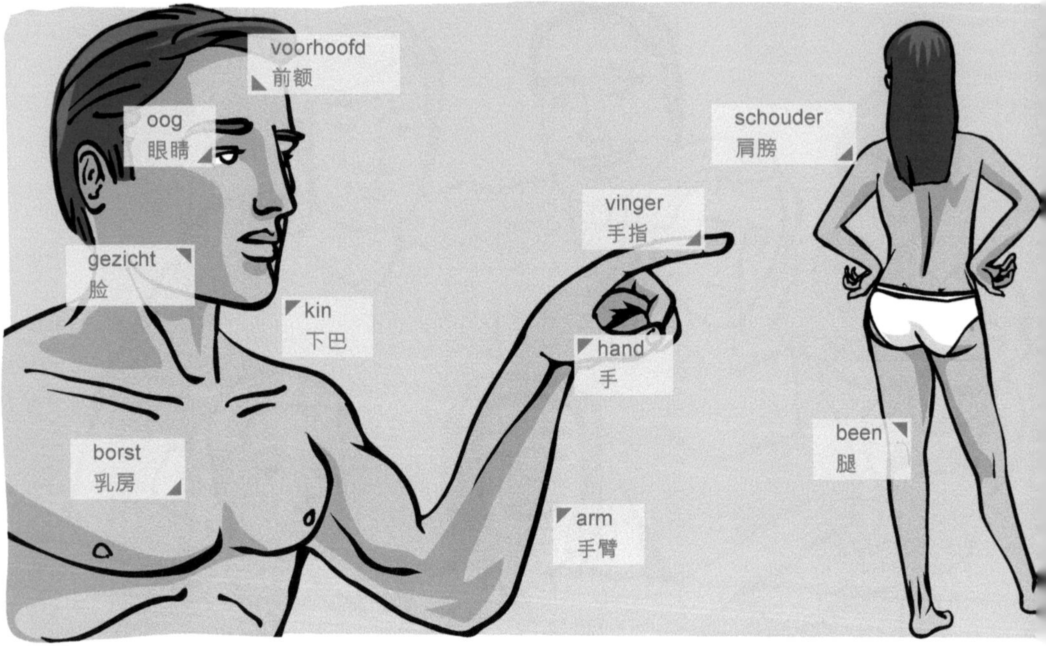

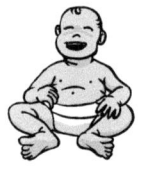

baby

婴童

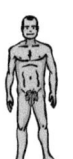

man

男人

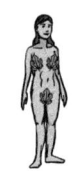

vrouw

女人

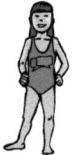

meisje

女孩

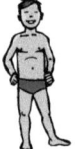

jongen

男孩

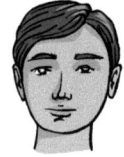

hoofd

头

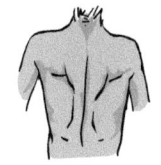

rug

背部

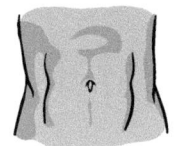

buik

肚子

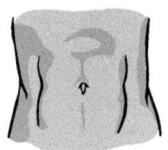

navel

肚脐

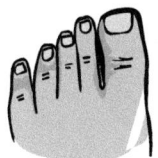

teen

脚趾

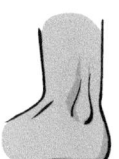

hiel

脚后跟

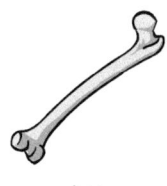

bot

骨头

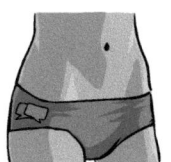

heup

臀部

knie

膝盖

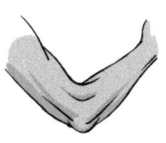

elleboog

手肘

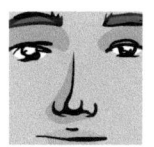

neus

鼻子

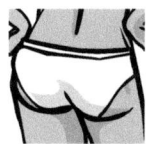

zitvlak

屁股

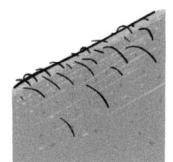

huid

皮肤

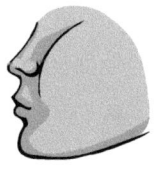

wang

脸颊

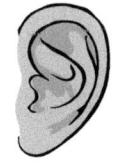

oor

耳朵

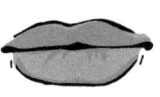

lip

嘴唇

mond

嘴

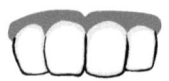

tand

牙齿

tong

舌头

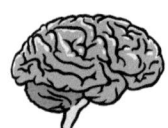

hersenen

脑

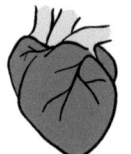

hart

心脏

spier

肌肉

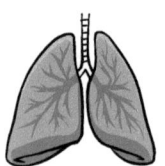

long

肺

lever

肝脏

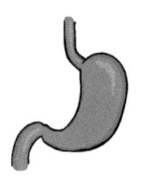

maag

胃

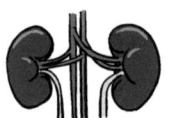

nieren

肾脏

seks

性交

condoom

避孕套

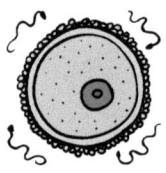

eicel

卵子

sperma

精子

zwangerschap

怀孕

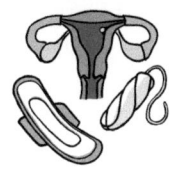

menstruatie

月经

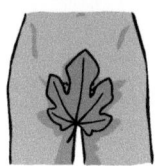

vagina

阴道

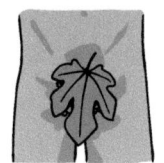

penis

阴茎

wenkbrauw

眉毛

haar

头发

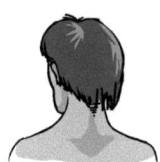

nek

脖子

# ziekenhuis

## 医院

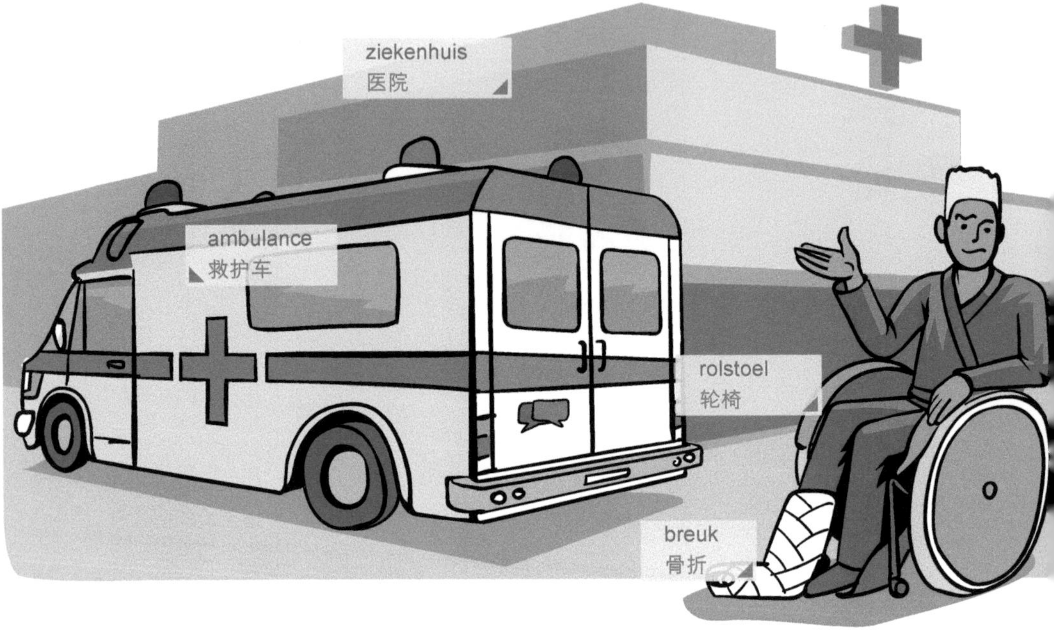

ziekenhuis
医院
ambulance
救护车
rolstoel
轮椅
breuk
骨折

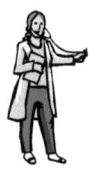

dokter

医生

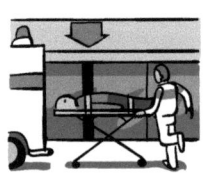

spoed

急诊室

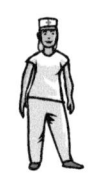

verpleegkundige

护士

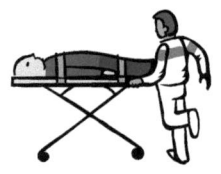

noodgeval

紧急情况

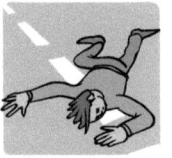

bewusteloos

昏迷

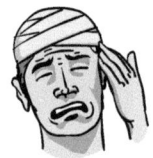

pijn

痛

verwonding

受伤

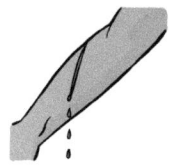

bloeding

出血

hartaanval

心脏病发作

beroerte

中风

allergie

过敏

hoest

咳嗽

koorts

发烧

griep

流感

diarree

腹泻

hoofdpijn

头痛

kanker

癌症

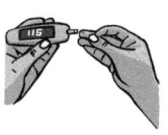

diabetes

糖尿病

chirurg

外科医生

scalpel

手术刀

operatie

手术

CT

CT

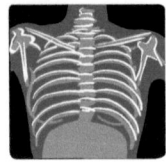

röntgenstraal

X光

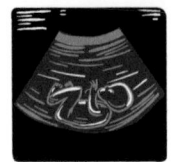

ultrageluid

超声波

gezichtsmasker

口罩

ziekte

疾病

wachtkamer

候诊室

kruk

拐杖

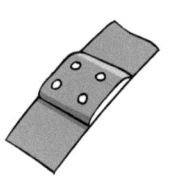

pleister

石膏

verband

绷带

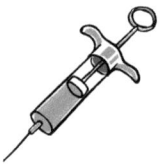

injectie

注射

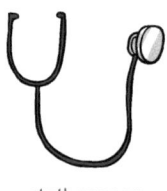

stethoscoop

听诊器

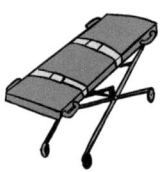

brancard

担架

thermometer

体温计

geboorte

出生

overgewicht

超重

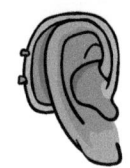

hoorapparaat

助听器

ontsmettingsmiddel

消毒液

infectie

感染

virus

病毒

HIV / AIDS

艾滋病

medicijn

药物

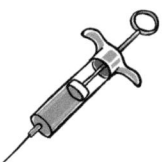

vaccinatie

接种疫苗

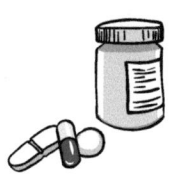

tabletten

药片

pil

药丸

noodoproep

急救电话

bloeddrukmeter

血压计

ziek / gezond

生病/健康

Help!

救命！

alarm

警报

overval

突击

aanval

攻击

gevaar

危险

nooduitgang

紧急出口

Brand!

着火啦！

brandblusser

灭火器

ongeval

意外

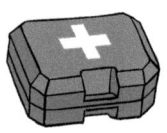

EHBO-kit

急救箱

SOS

呼救信号

politie

警察

Europa

欧洲

Noord-Amerika

北美洲

Zuid-Amerika

南美洲

Afrika

非洲

Azië

亚洲

Australië

澳洲

Atlantische Oceaan

大西洋

Stille Oceaan

太平洋

Indische Oceaan

印度洋

Antarctische Oceaan

南冰洋

Arctische Oceaan

北冰洋

Noordpool

北极

Zuidpool

南极

Antarctica

南极洲

aarde

地球

land

陆地

zee

海

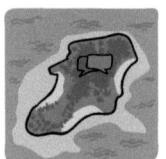

eiland

岛

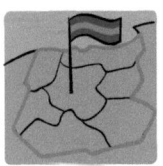

natie

国家

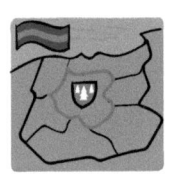

staat

国家

aarde - 地球

wijzerplaat

钟面

uurwijzer

时针

minuutwijzer

分针

secondewijzer

秒针

Hoe laat is het?

现在几点？

dag

天

tijd

时间

nu

现在

digitale horloge

电子表

minuut

分

uur

时

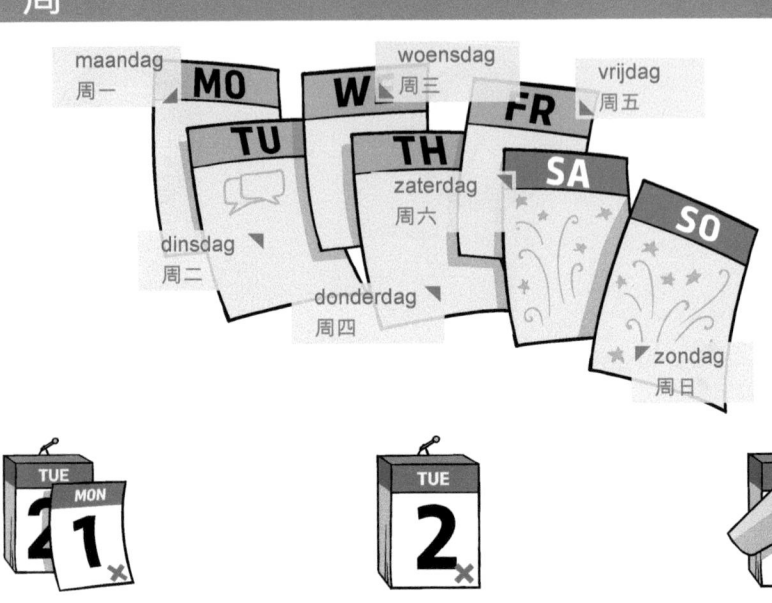

maandag
周一

woensdag
周三

vrijdag
周五

dinsdag
周二

zaterdag
周六

donderdag
周四

zondag
周日

gisteren

昨天

vandaag

今天

morgen

明天

ochtend

早晨

middag

中午

avond

晚上

werkdagen

工作日

weekend

周末

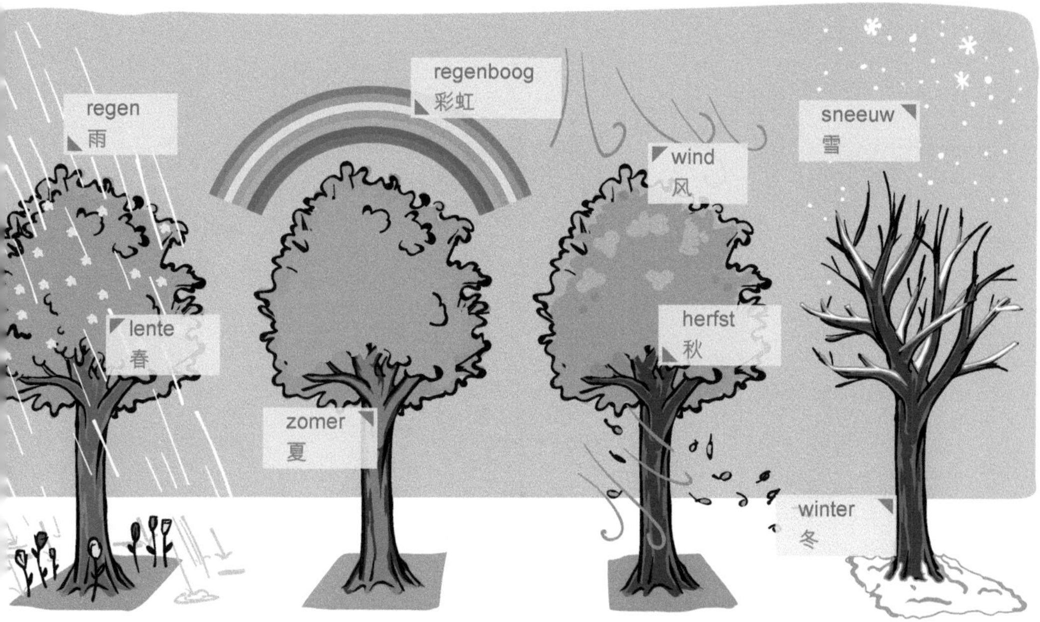

regen
▶ 雨

regenboog
▶ 彩虹

wind
风

sneeuw
雪

lente
春

zomer
夏

herfst
秋

winter
冬

weervoorspelling

天气预报

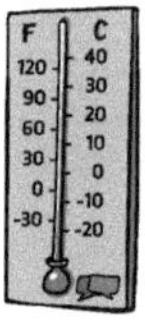

thermometer

温度计

zonneschijn

阳光

wolk

云

mist

雾

vochtigheid

潮湿

bliksem

闪电

donder

打雷

storm

风暴

hagel

冰雹

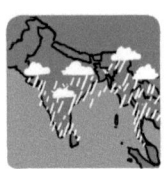

moesson

季风

overstroming

洪水

ijs

冰

januari

一月

februari

二月

maart

三月

april

四月

mei

五月

juni

六月

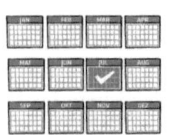

juli

七月

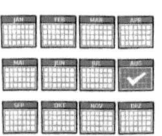

augustus

八月

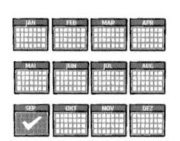

september

九月

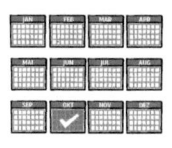

oktober

十月

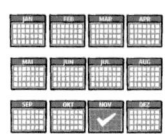

november

十一月

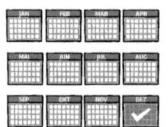

december

十二月

# vormen

## 形状

cirkel

圆形

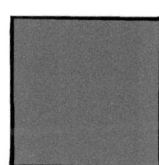

kwadraat

正方形

rechthoek

长方形

driehoek

三角形

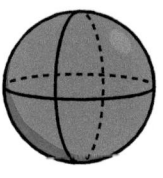

bol

球体

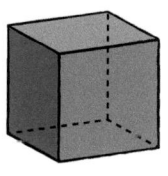

kubus

立方体

wit

白

geel

黄

oranje

橙

roze

粉

rood

红

paars

紫

blauw

蓝

groen

绿

bruin

棕

grijs

灰

zwart

黑

veel / weinig

很多/少许

boos / kalm

生气/平静

mooi / lelijk

美/丑

begin / einde

首/尾

groot / klein

大/小

licht / donker

明/暗

broer / zus

兄弟/姐妹

proper / vuil

干净/肮脏

volledig / onvolledig

完整/缺失

dag / nacht

白天/晚上

dood / levend

死/生

breed / smal

宽/窄

eetbaar / oneetbaar

可食用/非食用

kwaadaardig / vriendelijk

邪恶/善良

opgewonden / verveeld

兴奋/无聊

dik / dun

胖/瘦

eerst / laatst

第一/最后

vriend / vijand

朋友/敌人

vol / leeg

满/空

hard / zacht

硬/软

zwaar / licht

重/轻

honger / dorst

饿/渴

ziek / gezond

生病/健康

illegaal / legaal

非法/合法

intelligent / dom

聪明/愚笨

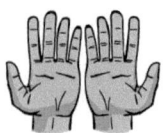

links / rechts

左/右

dichtbij / veraf

近/远

nieuw / gebruikt

新/旧

niets / iets

没有/有些

oud / jong

老/幼

aan / uit

开/关

open / dicht

打开/合上

stil / luid

安静/吵闹

rijk / arm

富/穷

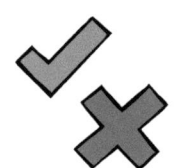

juist / fout

对/错

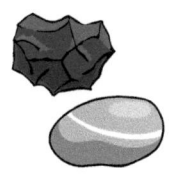

ruw / glad

粗糙/光滑

droevig / blij

伤心/高兴

kort / lang

短/长

traag / snel

慢/快

nat / droog

湿/干

warm / koud

温暖/凉爽

oorlog / vrede

战争/和平

**0**

nul

零

**1**

één

一

**2**

twee

二

**3**

drie

三

**4**

vier

四

**5**

vijf

五

**6**

zes

六

**7**

zeven

七

**8**

acht

八

**9**

negen

九

**10**

tien

十

**11**

elf

十一

# 12
twaalf
十二

# 13
dertien
十三

# 14
veertien
十四

# 15
vijftien
十五

# 16
zestien
十六

# 17
zeventien
十七

# 18
achtien
十八

# 19
negentien
十九

# 20
twintig
二十

# 100
honderd
百

# 1.000
duizend
千

# 1.000.000
miljoen
百万

Engels

英语

Amerikaans Engels

美式英语

Chinees (Mandarijn)

普通话

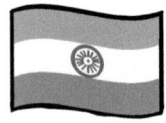

Hindi

印地语

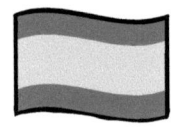

Spaans

西班牙语

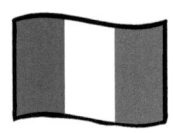

Frans

法语

Arabisch

阿拉伯语

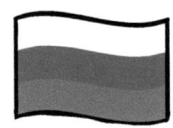

Russisch

俄语

Portugees

葡萄牙语

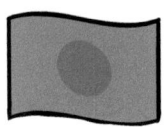

Bengali

孟加拉语

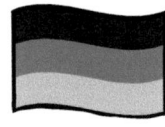

Duits

德语

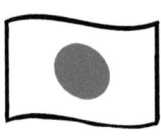

Japans

日语

ik
我

u
你

hij / zij / het
他/她/它

wij
我们

u
你们

ze
他们

wie?
谁？

wat?
什么？

hoe?
怎样？

waar?
哪里？

wanneer?
什么时候？

naam
名字

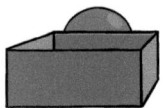

achter

后面

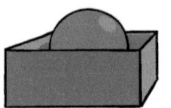

in

里面

voor

前面

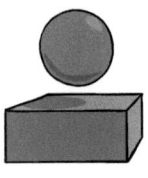

boven

上方

op

上面

onder

下面

naast

旁边

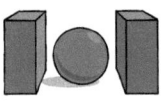

tussen

中间

plaats

地点